ISBN 978-3-219-11399-0
Alle Rechte vorbehalten
Herausgegeben von Constanze Breckoff
Umschlag, Illustrationen und Layout von Silke Leffler
Gesetzt nach der derzeit gültigen Rechtschreibung
Copyright © 2009 by Annette Betz Verlag
im Verlag Carl Ueberreuter, Wien – München
Printed in Austria
1 3 5 7 6 4 2

Annette Betz im Internet: www.annettebetz.com

Silke Leffler

Geburtstag

ANNETTE BETZ

M an sagt, an solchen Tagen sei es Pflicht,
Sich selber einen Spiegel vorzuhalten:
Ich bring ihn dir; verschmäh dies Blümchen nicht!
Es soll dir deinen eignen Wert entfalten.

Sieh der bescheidenen Reseda Blüte,
Ein Bild der Menschenfreundlichkeit,
Die ohne Prunk, voll innerer Herzensgüte,
Den Wohlgeruch der tät'gen Liebe streut.

Eduard Mörike

Betrachte jeden Tag als deinen besten!

Sprichwort

Wir werden nicht älter mit den Jahren,
wir werden neuer jeden Tag.

Emily Dickinson

Gib jedem Tag die Chance,
der schönste deines Lebens zu werden.

Mark Twain

Ich wünsche, dass dein Glück sich jeden Tag erneue,
Dass eine gute Tat dich jede Stund erfreue!
Und wenn nicht eine Tat, so doch ein gutes Wort,
Das selbst im Guten wirkt, zu Taten fort.
Und wenn kein Wort, doch ein Gedanke schön und wahr,
Der dir die Seele mach und rings die Schöpfung klar.

Friedrich Rückert

Achte gut auf diesen Tag,
denn er ist das Leben –
das Leben allen Lebens.
In seinem kurzen Ablauf
liegt alle Wirklichkeit
und Wahrheit des Daseins,
die Wonne des Wachsens,
die Größe der Tat,
die Herrlichkeit der Kraft.
Denn das Gestern ist nichts als ein Traum
und das Morgen nur eine Vision.
Aber das Heute – richtig gelebt –
macht jedes Gestern
zu einem Traum voller Glück
und das Morgen
zu einer Vision voller Hoffnung.
Darum achte gut auf diesen Tag!

aus dem Sanskrit

*D*as Leben
Toren durchblättern
der Weise liest es mit Bedacht,
weil er weiß,

gleicht einem Buche.

es flüchtig,

lass er es nur einmal lesen kann.

Jean Paul

Ein langes Leben
blüh dir entgegen,
lachendes Glück
kehr bei dir ein.
Freude sei mit dir
auf allen Wegen,
strahlender Frühling
und Sonnenschein.

Verfasser unbekannt

Bleibe froh und stets gesund,
sorgenfrei zu jeder Stund;
Glück und recht viel Sonnenschein
sollen dir beschieden sein.

Poesiealbumspruch

Ich wünsch dir all das Beste,
so viel der Baum hat Äste.
Ich wünsch dir so viel gute Zeit,
so viel als Stern am Himmel sein.
Ich wünsch dir so viel Glück und Segen,
als Tröpflein, die vom Himmel regnen.

Poesiealbumspruch

Jeder, der sich die Fähigkeit erhält,
Schönes zu erkennen, wird nie alt.

Franz Kafka

ung zu bleiben

und alt zu werden
ist das höchste Gut.

Verfasser unbekannt

*W*enn du
glücklich sein
möchtest – lebe!

Leo N. Tolstoi

Drei Engel mögen dich begleiten
in deiner ganzen Lebenszeit;
und die drei Engel, die ich meine,
sind: Frohsinn, Glück, Zufriedenheit.

Poesiealbumspruch

Durchwandle froh und heiter
dein Leben Jahr für Jahr,
das Glück sei dein Begleiter,
dein Himmel ewig klar!

Sprichwort

Wer sich heiter zu erhalten sucht,
der sorgt nicht bloß für sein Glück,
sondern er übt wirklich eine Tugend.

Wilhelm von Humboldt

Ist einer heiter, so ist es einerlei,
ob er jung oder alt, gerade oder bucklig,
arm oder reich sei, er ist glücklich.

Arthur Schopenhauer